L'ARTISTE,

COMÉDIE-VAUDEVILLE

EN UN ACTE,

Par M^{rs}. Eugène SCRIBE et PERLET;

Représentée, pour la première fois, à Paris, sur le Théâtre du Gymnase Dramatique, le 23 Novembre 1821.

Prix : 1 fr. 50 c.

PARIS,

CHEZ FAGES, LIBRAIRE,

AU MAGASIN DE PIÈCES DE THÉATRE,

Boulevard St.-Martin, n°. 29, vis-à-vis la rue de Lancry.

De l'Imprimerie de Nouzou, rue de Cléry, N°. 9.

1821.

PERSONNAGES.	ACTEURS.
ÉDOUARD, jeune amateur des arts.	M. *Perlet*.
RAYMOND, père d'Émilie.	M. *Bernard-Léon*.
ÉMILIE.	Mlle. *Fleuriet*.
ROUSSEL, maître de déclamation.	M. *Sarthé*.
BEMOLINI, } Créanciers.	M. *Narcisse*.
VERBOIS, }	M. *Provenchère*.

Autres Créanciers.

L'ARTISTE,

COMÉDIE-VAUDEVILLE EN UN ACTE.

Le théâtre représente une mansarde... à la droite de l'acteur, un piano chargé de papiers de musique... à gauche, un chevalet portant un petit tableau ébauché... sur une table à côté, la palette, les pinceaux, des bustes, des casques.

SCÈNE PREMIÈRE.

ÉDOUARD, ÉMILIE.

ÉMILIE.

Comment, c'est vous, M. Édouard, vous voilà d'aussi bonne heure..

ÉDOUARD, *d'un air préoccupé.*

Oui... je voulais parler à votre père...

ÉMILIE.

Il vient de sortir.

ÉDOUARD, *de même.*

En effet ; je l'ai apperçu dans la rue.

ÉMILIE.

Eh bien ! alors pourquoi vous donner la peine de monter.. il y a si loin du premier que vous habitez, à notre sixième étage...

ÉDOUARD.

C'est justement là ce que je voulais vous dire... Tenez, Émilie, je n'y puis plus tenir ; je suis le plus malheureux des hommes... et voilà une heure que je résiste à l'envie de me brûler la cervelle ; mais j'ai mieux aimé venir causer un instant avec vous.

ÉMILIE.

Et vous avez très-bien fait... a-t-on jamais vu de pareilles idées, à votre âge, avec votre nom, votre fortune.

ÉDOUARD.

Belle consolation... un nom qui ne me sert à rien, une fortune qui m'empêche d'être à vous... encore, si l'on pouvait faire entendre raison à votre père... l'homme le plus bizare, le plus infatué de ses préjugés... vous destiner au théâtre... et ne vouloir pas de moi; parce que je suis trop riche!!

Air : *Ainsi que vous, mademoiselle.* (Somnambule).

D'où lui vient cette fantaisie,
Quel état va-t-il préférer?
Moi qui voudrais toute ma vie,
Etre seul à vous admirer.
De mes transports, comment être le maître?
Voir tant de gens partager mon bonheur!
Et dès que vous allez paraître,
Voir un rival dans chaque spectateur!

ÉMILIE.

Que voulez-vous? il est artiste... son cœur paternel sourit d'avance à l'idée que mes talens me tiendront lieu du patrimoine qu'il ne peut me donner, et que sa fille ne devra qu'à elle seule son bonheur et sa fortune.

ÉDOUARD.

Mais, cette fortune, si je vous l'offre dès à présent... ne suis-je pas maître de ma main, et de cinquante mille livres de rente.

ÉMILIE.

D'accord, monsieur; vous êtes riche; on sait cela... mais vous n'êtes pas artiste, et mon père ne veut prendre pour gendre qu'un individu déclamant, chantant, ou exécutant.

ÉDOUARD.

Si pour vous plaire, il ne faut qu'aimer les arts, ou les cultiver, qu'a-t-on à me reprocher? m'a-t-on jamais vu manquer un seul concert, ou une représentation extraordinaire?... n'ai-je pas eu des maîtres de chant, de danse, de peinture!... je ne fréquente que des artistes... je vais souvent dans l'atelier de Girodet... je peux même dire que je lui ai vu composer ses meilleurs tableaux, ce qui est toujours quelque chose... et moi-même, n'ai-je pas plusieurs fois obtenu en société des succès dont je ne me serais jamais vanté; mais enfin puisque l'on veut que je sois artiste, il faut bien que je commence par avoir de l'amour-propre.

ÉMILIE.

Oui, monsieur, vous dansez très-bien; vous déclamez à ravir, vous chantez même avec beaucoup d'expression la *romance*, ou le *nocturne*. (*Baissant les yeux*). Surtout lorsque vous accompagnez les dames... enfin, vous êtes ce qu'on appelle un amateur... mais vous n'êtes point un *artiste*.

ÉDOUARD, *avec impatience.*

En honneur vous me feriez damner!... Que faut-il donc, pour être *artiste?*... courir le cachet... crier sans-cesse à la cabale, déchirer ses rivaux, et ne pas payer le mémoire du tailleur... parlez, s'il ne faut que cela, dès demain je prends un brevet, et je cours m'installer dans quelqu'appartement aérien, puisqu'il paraît qu'on n'a du génie que sous la mansarde.

ÉMILIE.

Eh mais, c'est l'opinion de mon père.

Air : *De l'aimable Thémire.* (Romagnesi).

Plus qu'un millionnaire
Maint artiste est heureux;
D'abord pour l'ordinaire
Il sont voisins des cieux.
Sur les bois, la verdure,
Ils ont les yeux fixés :
Pour peindre la nature
Ils sont les mieux placés.

ÉDOUARD.

Même air.

Mais dites-moi, ma chère,
Par quel hasard fatal,
Le sort souvent contraire
Les traite-t-il si mal?
Le ciel devrait se rendre
A leurs vœux empressés;
Car pour s'en faire entendre
Ils sont les mieux placés.

Votre père surtout, lui qui loge au sixième... Mais à propos, j'oublie toujours que je suis votre propriétaire, et que l'on me doit deux ou trois termes... vous verrez, Émilie, que je vous ferai saisir.

ÉMILIE.

Ne vous y trompez pas... vous feriez grand plaisir à mon père!... Il n'aime rien, tant que les huissiers et les significations;... il prétend que c'est le cortège obligé de l'artiste... et tenez... avais-je tort?... regardez ces deux figures là.

ÉDOUARD.

Oui... comme vous le disiez, je crois qu'ils sont du cortège.

SCÈNE II.

ÉMILIE, ÉDOUARD, BEMOLINI, VERBOIS.

BEMOLINI.

Perdonnate, mademizelle... n'est-ce pas ici que demeure monsu Raymond... le célèbre mousicien.

VERBOIS.

Oui, et M. Raymond le fameux peintre.

ÉDOUARD.

Ils sont sortis tous les deux.

VERBOIS.

Oh! nous savons bien que c'est le même.

ÉDOUARD.

Eh! bien, que lui voulez-vous?

VERBOIS.

Je m'en vais vous le dire :

Air : *De la robe et les bottes.*

De la maison il occupe le faîte,
Et dans l'espoir de se faire payer,
Ses créanciers dont je suis l'interprête,
Passent leurs jours sur l'escalier.
Oui, ces messieurs sont hors d'haleine,
Et tous les jours se lassent doublement
De monter avec tant de peine,

(*Montrant son gousset*).

Et de descendre aussi légèrement.

ÉDOUARD.

J'entends... leur intention est de poursuivre...

BEMOLINI.

Au contraire... ils sont hors de combat; et ils nous ont cédé leurs créances pour un gain modique.

VERBOIS.

Et nous venons annoncer à M. Raymond, que c'est nous qui désormais suivrons l'affaire... avec persévérance !... moi d'abord, je ne me lasse jamais... parce qu'avec de la patience et des jambes... on finit toujours par arriver...

ÉDOUARD, *à part.*

Je ne sais qui me retient... (*haut*). voyons vos mémoires.

ÉMILIE.

Que voulez-vous faire?

ÉDOUARD.

Les payer, et vous en débarrasser.

ÉMILIE.

Gardez-vous en bien... mon père ne vous le pardonnerait jamais.

ÉDOUARD.

Comment! être toute la journée harcelé par ces misérables.. quel plaisir peut-il trouver à une pareille situation?

ÉMILIE.

Que voulez-vous! c'est son bonheur... il a été gêné toute sa vie et il tient à ses habitudes... (*On entend la ritournelle de l'air que chante Raymond*). Tenez, le voici; vous voyez qu'il n'engendre point de mélancolie.

SCÈNE III.

Les Précédens, RAYMOND.

RAYMOND.

Air : *Vivent les amours.*

Libre, dispos, et bien portant;
Mais ne portant
Jamais d'argent comptant,
L'artiste rit à chaque instant,
Et du présent il est toujours content.

Sans crainte, comme sans regrets,
Pour aujourd'hui seul je fais
Des projets.
Que m'importe le jour d'après,
Le lendemain n'arrivera jamais.

Libre, dispos, et bien portant,
Mais ne portant
Jamais d'argent comptant,
L'artiste rit à chaque instant,
Et du présent il est toujours content.

Bonjour, M. Édouard ; bonjour, ma fille... (*Appercevant Verbois et Bemolini*). Quels sont ces messieurs? (*Voyant qu'ils tirent leurs mémoires*). Je devine... mais ce sont de nouveaux visages, car je ne les connais pas... c'est charmant, je suis toujours sûr en rentrant chez moi, de trouver de la société.

Air : *Vaudeville de partie carrée.*

Dans ce réduit qui fait seul ma demeure,
Chaque jour je suis visité ;
Ici, morbleu, l'on fait cercle à toute heure,
En ministre je suis traité.
Mais de janvier jusqu'en décembre,
Honnêtement toujours je les reçoi ;
Jamais chez moi l'on ne fait antichambre,
Et je sais bien pourquoi.

ÉDOUARD, *lui donnant le papier que tient Verbois.*

Ce billet vous expliquera le motif de leur visite... (*Bas aux deux créanciers, pendant que Raymond est occupé à lire*). Descendez à l'instant chez moi... le propriétaire de la maison, au premier, et nous nous entendrons.

BEMOLINI.

Ma signor...

VERBOIS.

Mais, monsieur..

ÉDOUARD, *de même.*

Taisez-vous, et partez... je suis désolé qu'il vous ait vus... mais c'est égal...

RAYMOND, *après avoir lu.*

C'est bon... M. Bemolini, musicien. (*Bemolini salue*). M. Verbois, marchand brocanteur et choriste de l'opéra... (*Verbois salue*). Qui tous les deux ont acheté toutes les créances... Diable, mauvaise affaire... pour eux.

BEMOLINI.

Comment pour nous ?

ÉDOUARD, *bas.*

Je vous réponds qu'elle est excellente, si vous partez à l'instant.

RAYMOND.

Je suis désolé, messieurs, de ne pouvoir m'entendre sur le champ avec vous... mais j'ai ce matin une visite... un artiste distingué.. (*à Émilie*). Monsieur Roussel, professeur au conservatoire, qui a enfin répondu par écrit à mon invitation, et qui viendra ce matin pour déjeûner, et te donner leçon... (*bas*). il faudra même tâcher que le déjeûner soit soigné... parce que... vois-tu... ces grands talens... ça mange...

Air : *Vaudeville de la visite à Bedlam.*

(*A Verbois*). Quant à vous, mon cher ami,
Si vous voulez audience,
Vous aurez la complaisance
De revenir à midi.

ÉDOUARD, *bas aux créanciers.*
Je promets de tout payer,
Même sans en rien rabattre,

(*leur montrant la porte*).
Si vous prenez l'escalier.

VERBOIS ET BEMOLINI.
Je les descends quatre à quatre.

Ensemble.

RAYMOND ET ÉMILIE.
Oui pour vous, mon cher ami,
Si vous voulez audience,
Vous aurez la complaisance
De revenir à midi.

ÉDOUARD.
Si vous voulez qu'aujourd'hui
L'on solde votre créance,
Descendez en diligence,
Messieurs, je descends aussi.

VERBOIS ET BEMOLINI.
Monsieur, pourvu qu'aujourd'hui
L'on solde notre créance,
Nous aurons la patience
D'attendre jusqu'à midi.

SCÈNE IV.

EMILIE, RAYMOND, ÉDOUARD.

RAYMOND, *à Édouard qui a poussé dehors les créanciers, et qui est pret à les suivre.*

Eh bien, M. Édouard, où allez vous donc? est-ce que vous ne déjeûnez pas avec nous?

ÉMILIE, *tirant son père par la basque de son habit.*

Mais mon père, il n'y a rien.

RAYMOND.

Comment, il n'y a rien... il y a M. Roussel.

ÉMILIE.

Cela n'ajoutera rien au déjeûner... au contraire.

ÉDOUARD.

J'accepterais avec plaisir; mais ne connaissant pas M. Roussel...

RAYMOND.

Est-ce que je le connais davantage... Mais qu'est-ce que cela fait? il est artiste, je suis artiste... il vient déjeûner chez moi... (*à Émilie*). Demain je te mènerai dîner chez lui... Voilà comment cela se pratique... (*à Édouard*). Ainsi, vous nous restez.

ÉDOUARD.

Désolé, vous dis-je... des affaires indispensables... de l'argent à toucher; mes loyers à recevoir.

RAYMOND.

Des loyers?... et mais en effet, nous voilà au quinze et c'est notre terme... (*A Édouard qui veut sortir*). Permettez donc... de l'ordre avant tout... moi je ne connais que cela; nous sommes entrés chez vous au mois de Janvier.. et nous sommes... nous sommes...

ÉMILIE.

En Octobre.

RAYMOND.

Comment en Octobre! (*comptant sur ses doigts*). Janvier... Février... Mars... mais, à ce compte, il y aurait donc trois termes de passés... (*à Édouard*). Qu'est-ce que cela veut dire, monsieur?... et comment n'ai-je pas encore reçu une seule signification?

ÉDOUARD.

Ah! monsieur... il n'était pas nécessaire.

RAYMOND.

Eh! comment, sans cela, voulez-vous que sache quand mon terme arrive; moi surtout qui suis fait aux huissiers... j'attendais toujours.

Air : *Vaudeville de l'écu de six francs.*

Sachez que je ne pense guères
A mes paiemens, à mes loyers ;
Et pour mieux gérer mes affaires,
J'en laisse le soin aux huissiers.
En mes intendans ils se changent,
Par eux seuls tout se fait chez moi ;
Et quand je n'en vois pas, je croi
Que mes affaires se dérangent.

ÉDOUARD.

Eh bien, monsieur, que cela ne vous inquiète pas, nous en reparlerons.

RAYMOND.

Qu'est-ce à dire, nous en reparlerons !... croyez-vous que je consente à loger chez vous *gratis*? Moi, Raymond, moi artiste! parce que monsieur habite le premier, il se croit peut-être au-dessus de moi... Qu'est-ce que c'est que cela?

ÉDOUARD, *avec un sang-froid comique.*

Je ne vois pas, monsieur, parce que j'ai le malheur d'être riche, que cela vous donne le droit de me mépriser.

RAYMOND.

C'est juste... c'est juste, mon ami, et je vous prie d'excuser un mouvement d'orgueil bien pardonnable dans ma position ; pourquoi diable aussi voulez-vous avoir l'air de me faire grâce?

ÉDOUARD.

Ce n'a jamais été mon intention, et la preuve, c'est que je vous demande votre loyer, et très-positivement.

RAYMOND.

A la bonne heure; au moins vous voilà dans votre rôle de propriétaire... vous me demandez de l'argent... eh bien, moi... je vous répondrai en artiste... je ne vous en donnerai pas, parce que je n'en ai pas! mais le premier sera pour vous.

Air : *Vaudeville de la Somnambule.*

De vous payer bientôt j'ai l'espérance,
  Mais sur le prix de mes loyers,
Vous devriez demander, quand j'y pense,
  Quelque chose à mes créanciers.

ÉDOUARD.

Pour quel motif?

RAYMOND.

  Avec eux tenez ferme!
Dans ce logis ils doivent sur ma foi,
Payer au moins la moitié de mon terme,
Car ils y sont aussi souvent que moi.

ÉDOUARD.

Je leur en parlerai... Adieu, mademoiselle Émilie... adieu, mon cher locataire.   (*Il sort*).

SCÈNE V.

RAYMOND, ÉMILIE.

RAYMOND.

Un charmant jeune homme, ce M. Édouard... mais il finira mal.

ÉMILIE.

Et pourquoi?

RAYMOND.

Parce qu'il n'a pas d'ordre... trois termes sans se faire payer!

ÉMILIE.

Oh! vous lui en voudriez bien davantage, si vous aviez entendu sa conversation de tout à l'heure... car il n'a pas abandonné ses projets de mariage.

RAYMOND.

J'espère que tu lui as répondu...

ÉMILIE.

Sans doute; je lui ai dit que vous étiez décidément brouillé avec la fortune.

RAYMOND.

Du tout; car j'ai passé ma vie à lui faire des avances auxquelles elle n'a jamais répondu.. mais si jamais je deviens riche, je ne veux le devoir qu'à moi-même... je n'entends pas que mon gendre rougisse de son beau-père ; ou qu'il te reproche un jour de t'avoir épousée sans dot... toi qui en as une certaine, une réelle.

ÉMILIE.

Moi, mon père!

RAYMOND.

Sans doute... avant un an sociétaire... part entière... trente mille livres de rente, hypothéquées sur ton talent... voilà les fortunes que j'aime, les fortunes solides... et si M. Édouard en avait autant à t'offrir, je n'hésiterais pas un instant, parceque c'est un brave garçon, franc, loyal, sincère, et qui par son caractère était digne d'être artiste ; mais pas d'élan, pas de feu créateur, il n'a pas surtout cet amour des arts et de la science qui rend capable de tout.

Air : *De la sentinelle.*

C'est pour lui seul qu'on brave les dangers :
C'est pour lui seul que les fils d'Esculape
Vont en héros, sur des bords étrangers,
Chercher la gloire, et la mort qui les frappe.
De la science, ô sublime attribut!
A leur courage, à leur mémoire,
Deux peuples doivent un tribut;
De l'Espagne ils sont le salut,
Et de la France ils sont la gloire.

Mais ton M. Édouard... ce ne sera jamais qu'un millionnaire.

ÉMILIE.

Quoi! mon père, vous croyez...

RAYMOND.

C'est impossible autrement, le talent, vois-tu bien, veut être excité par l'aiguillon du besoin !... et le génie qui dîne, le génie qui est sûr de payer son terme, ne fera jamais rien qui vaille! Enfin, tu le vois par toi même : est-ce que je peux travailler quand nous avons seulement cinquante écus devant nous.

ÉMILIE.

Cela n'arrive pas souvent.

RAYMOND.

Heureusement... que serait-ce donc si j'avais la fortune de M. Édouard... je serais ruiné.

ÉMILIE.

Oh! ruiné!

RAYMOND.

Oui, mademoiselle. (*On sonne*). Ah! mon dieu, qui est-ce qui sonne là? c'est peut-être M. Roussel, et rien n'est préparé.. tu n'es seulement pas habillée.

ÉMILIE.

Qu'est-ce que cela fait?

RAYMOND.

Comment, ce que cela fait?... tu ne prendras pas ta leçon de déclamation dans ce costume là.... (*On sonne, criant à la porte*). On y va, on y va. (*Il appelle Émilie*). Dis donc, ma fille, mets une robe à l'Iphigénie, cela lui fera plaisir.

ÉMILIE.

Oui, plus tard, je n'ai pas besoin d'être à ce déjeûner.

RAYMOND.

Au contraire. (*Il déclame*). Vous y serez, ma fille. (*La sonnette recommence*). Laissez donc la sonnette.

Air : *Du Ménage de Garçon.*

Ils vont me la casser, je pense,
Et mes chers créanciers, hélas!
Qui n'ont pas d'autre jouissance,
Demain que ne diraient-ils pas?
Du plaisir que cela leur cause
Je ne puis les priver, je croi,
Car c'est presque la seule chose

(*Faisant le geste de compter de l'argent*).

Qu'ils entendent sonner chez moi.

(*On sonne encore, il va ouvrir*).

SCÈNE VI.

RAYMOND, ÉDOUARD, *sous le costume de Bemolini.*

RAYMOND, *qui a été lui ouvrir.*

Mille pardons de vous avoir fait attendre!... comment, c'est vous, M. Bemolini, je vous avais dit de ne revenir que sur le midi.

ÉDOUARD.

Senza dubbio... Ma quand zé vas chez un débitour, zé avé

toujours j'habitoude d'arriver une heure d'avance, perché le temps de sonner et d'attendre à la porte, on se trouve zouste à l'heure... je connais ça... d'ailleurs, j'ai prévenu la signora qu'on me verrait souvent ici.

Air : *De Voltaire chez Ninon.*

Oui, je vais chez mes débiteurs
Vingt fois par jour, c'est mon système.

RAYMOND.

Mais je vous plains, si ces messieurs
Comme moi, logent au sixième.

ÉDOUARD.

Le sixième, il ne fait pas peur.
Ce trajet ne m'est pas pénible,
Et vous voyez, comme chanteur,
Je monte aussi haut que possible.

RAYMOND.

Je m'en apperçois... eh bien ! voyons, puisque la visite que j'attendais n'arrive pas, dépêchons...

ÉDOUARD.

Vi avez raison, dépézons... vi devez au marzand de musique, dont j'ai acheté la créance, deux cents francs... vi devez au tailleur, dont j'ai acheté la créance, deux cents francs... vi devez...

RAYMOND.

Eh ! morbleu finissons ; il s'amuse là à me faire des parties d'orchestre... Voyons le morceau d'ensemble.

ÉDOUARD.

Vi voulez dire *le final*... j'espère que vous ne le trouverez point trop surchargé d'accompagnemens... six cents cinquante francs... cela sonne bien à l'oreille, et c'est j'ose le dire harmonieux et facile.

RAYMOND.

Facile... facile... cela ne l'est pas à payer ; mais enfin vous voilà réglé, et à la première occasion...

ÉDOUARD.

Plus, d'un autre côté...

RAYMOND.

Comment d'un autre côté.

ÉDOUARD.

Du silence, et partons en mesure... nous avons d'autre part ce *concerto* que vi avez composé dans un moment d'inspiration.

RAYMOND.

Un morceau sublime qui depuis trois ans reste dans la boutique de l'éditeur.

ÉDOUARD.

Patienza... le génie en boutique, il est comme le bon vin en bouteille... avec le temps, c'est du nectar.

Air : *Il était temps.*

Avec le temps; (*bis*).
Les difficultés s'applanissent;
Pour les beaux-arts et les talens,
Qu'importe la marche des ans.
Bien loin que les grâces vieillissent,
Que de beautés qui rajeunissent
Avec le temps.

RAYMOND.

Que voulez-vous dire?

ÉDOUARD.

Que votre *concerto* il fait fureur; il est parti, il est lancé. On le demande de tous côtés : pour l'Italie et pour l'Allemagne... et dernièrement la diligence de Strasbourg, celle qui a versé l'autre semaine, en portait à elle seule deux ballots... plus cent exemplaires que M. Spontini a fait demander pour le roi de Prusse... plus cent exemplaires...

RAYMOND.

Permettez donc... je n'en ai déposé en tout que vingt-cinq chez l'éditeur.

ÉDOUARD, *à part.*

Ah! diable... (*haut*). C'est juste... ma n'y en eut-il qu'un seul, n'avons-nous pas la litographie qui multiplie les chefs-d'œuvre.

RAYMOND.

Ah! j'ai été litographié!

ÉDOUARD.

Plus, cette petite cavatine que vi avez faite en vous jouant.

RAYMOND.
Celle-là, je sais qu'elle ne se vend pas...
ÉDOUARD.
La vôtre !... oui : ma nous avons adroitement répandu dans le monde musical, que c'était une cavatine inédite de M. Rossini.
RAYMOND.
Eh bien ?
ÉDOUARD.
Eh bien !... le lendemain, il a fallu mettre deux gendarmes à la porte de la boutique, et un troisième à cheval, au coin de la rue. A l'heure que ze dis, on s'arrache la délicieuse cavatine ; tous les pupîtres de piano, ils en sont tapissés... on en a vendu douze douzaines d'exemplaires à des auteurs de vaudevilles, qui l'ont mise en pont neuf; quinze aux orgues de Barbarie, qui l'ont mise en harmonie; trente à M. Collinet et compagnie, qui l'ont mise en contredanse pour *Tivoli* et le *Ranelagh*, avec accompagnement de flageolet.
RAYMOND.
Toujours par la litographie.
ÉDOUARD.
Toujours par la litographie.
RAYMOND.
Dieux !... quel honneur ! être joué, chanté, dansé, litographié !...
ÉDOUARD.
Et payé... car le total, pour le *concerto* et la *cavatine*, se monte à 1250 francs; et si nous en déduisons les 650 francs du petit *final*, (*Montrant son mémoire*). il nous restera juste : vingt-cinq louis, que je vous apporte en or, dans cette bourse.
RAYMOND, *prenant la bourse*.
Comment ! il serait possible... quel art que la musique ! Je vais vous donner un reçu.
ÉDOUARD.
Fi donc !.. entre artistes... la seule favor que ze vi demande, c'est de nous faire beaucoup de Rossini.
RAYMOND.
Je vous en donne ma parole d'honneur.

ÉDOUARD.

Et même, ce ne serait que du Mozart, que nous le prendrions tout de même, voyez-vous.

RAYMOND.

A la bonne heure... j'espère que nous nous reverrons.

ÉDOUARD.

D'autant plus facilement, que ze donne des leçons tous les zours ici dans la maison, à un jeune homme qui demeure au premier.

RAYMOND.

Comment! monsieur Édouard cultive les arts? un jeune homme si riche!

ÉDOUARD.

Riche! il ne l'est pas tant que vous croyez... ze vi le dis en confidence... sa fortune elle est bien délâbrée, et il emploie les débris à acquérir des talens, afin d'exercer un jour lui-même.

RAYMOND.

Pauvre jeune homme! alors je le plains.

ÉDOUARD.

Vi devez plutôt le féliciter d'être tombé sur un professor tel que moi : un virtuose, qui depuis un demi-siècle, fait l'admiration de l'Europe.

RAYMOND.

Il y a donc bien longtemps que vous vous occupez de votre art?

ÉDOUARD.

Ma... j'ai quarante, et en voilà trente-six que j'exerce.

RAYMOND.

Qu'est-ce que vous me dites-là?

ÉDOUARD.

La vérité... mon père, chanteur sublime, il était à l'apogée de sa gloire, et tous les musiciens, tous les connaisseurs, ils disaient qu'il était impossible d'aller plus loin.... Eh bien! moi, monsieur, à l'âge de quatre ans, pas plus haut que cela... j'écrasais mon père, j'étais un colosse de talent. Ma ce n'était rien encore : ze composais, et ze peux vous chanter une scène musicale délicieuse, que z'ai composée à l'âge de quatre ans.

RAYMOND.

Certainement, j'aurai grand plaisir à vous entendre; mais je vous avoue que je préfèrerais quelque chose de plus nouveau, de plus récent.

ÉDOUARD.

Ah! ze m'en vais vous dire, c'est que ze n'ai rien fait depuis... Écoutez... ze souppoze que l'orchestre il est là.. n'avez-vous pas quelque chose per figourer le maître de mouzique... un buste... une tête à perruque, n'importe... (*Il prend un buste, qu'il place sur le trou du souffleur*). C'est un maître de chapelle qu'il fait exécuter une scène de sa composition... c'est tout ce qu'il y a de plus dramatique et de plus neuf; voici le sujet de la scène : un vieux tyran, il adore une jeune personne, belle comme les amours, et veut en faire sa femme... la jeune personne, elle ne peut pas souffrir le vieux tyran, vû que de son côté, elle aime un beau chevalier, qu'il est parti pour la Palestine.

RAYMOND.

Pour la Palestine!

ÉDOUARD.

Vi savez que les beaux chevaliers, ils sont toujours partis pour la Palestine, c'est de rigueur... Le vieux tyran, il fait faire une petite proposition à la jeune personne; c'est de l'épouser, ou de la faire périr sur un bucher. — La jeune personne qui compte sur son beau chevalier, pour venir la délivrer, juste au bon moment, se résigne à la mort... elle marche au supplice à pas comptés... son moussoir à la main, comme au grand opéra... elle pleure, la pauvre petite demoiselle, perché ça lui fait pas plaisir. — Alors, au moment où l'allumette fatale vient de mettre le feu au bûcher, elle chante un petit duo avec le vieux tyran.

SCÈNE BOUFFE.

(*Édouard prend alternativement la voix de femme et celle de basse*).

(*en voix de femme*). — Amor
Amor
Faccia, faccia, faccia presto
Che *rivinga* il mio Alfielde.

(*voix de basse*).　　　Amor
　　　　　　　　　　　Amor
　　　　　　　　　Che questo fuocco
　　　　　　　　Infiamma uore si fredde
(*s'adressant à l'interlocuteur*).
　　　　　　　　Capite voi, in buon francese
　　　　　　　　Qu'elle n'est pas fort à son aise.
(*voix de femme*). Même sur ce bûcher lui conservant ma foi,
　　　　　　　　Je brûlerai pour lui.
(*voix de basse*).　　　　　　Tu brûleras pour moi.
(*voix de femme*).　　Je brûlerai
(*voix de basse*).　　Tu brûleras
(*voix de femme*),　　Je brûlerai
(*voix de basse*).　　Tu brûleras
(*voix de femme*),　　Pour lui
(*voix de basse*).　　Pour moi
　　　　　　　　　　Belta crudel'
(*voix de femme*).　　Tiran barbar'.

(*L'orchestre joue faux*).

Ahi, ahi!.. (*S'adressant au chef d'orchestre*). Comment, mon ami, tu laisses faire de telles brioches à ton orchestre... Voyons, donne moi le ton, et recommençons cela.

　　　　　　Cara, cara, tra la la la
　　　　　　La flûte... mollo suave.
　　　　　　Caressez ce passage là ;
　　　　　　Comme un ange nous y voilà.
　　　　　　Le basson, noble, grave,
　　　　　　Violini... détachez,
　　　　　　Saccadez.... più moderato.
　　　　　　Piano... pianissimo,
　　　　　　En mourant... smorzando...
　　　　Evanouissez-vous sur vos instrumens.
　　　　　　A présent, crescendo,
　　　　　　Presto, prestissimo,
　　　　　　Fortissimo, rinforzando.
　　　　　　Ah! bravo, bravissimo.

　　　　　Vous avez compris mon génie,
　　　　　Quelle force, quelle harmonie !
　　　　　　Oui Rossini, je le parie,
　　　　　Voudrait avoir fait ce morceau.
　　　　　Bemolini, bravo, bravo,
　　　　　On ne peut rien voir de plus beau.

(*A Raymond*). Désespéré de ne pouvoir rester plus long-temps avec vous, au revoir, mon cher ami... restez donc.
(*Il sort*).

SCÈNE XII.

RAYMOND, puis ÉMILIE.

RAYMOND.
Dieux! quelle voix! et quels procédés! ma fille, ma fille.
ÉMILIE.
Eh bien! que voulez-vous?
RAYMOND.
Donne moi la clef de mon piano.. bon, la voilà. (*Ouvrant le piano*).
ÉMILIE.
Que voulez-vous faire?
RAYMOND.
Ce que je veux faire... du Rossini première qualité.

Air : *De la légère, ou qu'un poëte.*

En musique,
Je m'en pique,
Je ne suis point fanatique.
Rossini, c'est l'homme unique,
Le dieu d'aujourd'hui
C'est lui.
Paësiello dans son art
Certes, vaut bien qu'on le cite.
Haydn a du mérite,
Et j'estime assez Mozart;
Mais qu'on était dans l'enfance,
Et quelle pitié, bon dieu!
Lorsqu'on admirait en France
Grétry, Berton, Boyeldieu!

En musique,
Je m'en pique,
Je ne suis point fanatique.
Rossini, c'est l'homme unique,
Le dieu d'aujourd'hui
C'est lui.

ÉMILIE.
Eh! mon dieu! que vous a-t-il donc fait?

RAYMOND.

Ce qu'il m'a fait... attends donc... je crois que c'est dans son genre. (*Il chante en s'accompagnant.*

   Troppo languir
   Per una bella,
   Mi fa morir
   Tra, la, la, la.

ÉMILIE.

En vérité, je crois que mon père est devenu fou.

RAYMOND.

   Troppo languir
   Per una bella.

(*Il se met à écrire, et parle en même temps*).

A propos, tu ne sais pas... ton M. Édouard, ce jeune homme si riche... (*Se mettant à chanter*). Troppo languir.

ÉMILIE, *vivement.*

Eh bien ! mon père, M. Édouard ?...

RAYMOND.

Aussi, tu m'interromps ; tu me fais perdre mon motif... un thême magnifique.

ÉMILIE.

Que disiez-vous tout à l'heure de M. Édouard ?

RAYMOND.

Je dis qu'il y en a tant qui s'enrichissent, qu'il n'est pas étonnant que d'autres se ruinent.

ÉMILIE.

M. Édouard, ruiné !.. cela n'est pas possible.

RAYMOND.

Non... un banquier... cela ne s'est jamais vu, il n'oserait pas... le voilà réduit à donner des leçons pour vivre.

  Air : *Un motif plus puissant, je pense.*

  Ce revenu pourra bien lui suffire,
  S'il est vrai qu'il ait du talent.

ÉMILIE.

  Oui, j'en conviens, il en a : c'est à dire
  Il en avait, tant qu'il fut opulent.
  Mais c'est ainsi dans cette grande ville,
  Pour du talent... cent fois j'en fus témoin,

On en a trop, tant qu'il est inutile,
On n'en a plus, dès qu'on en a besoin.

(*Raymond chante la ritournelle de l'air, à demi-voix, puis très-fort, et dit à sa fille :*)

RAYMOND.

Tiens, ma fille, je t'en prie, fais un instant le second dessus... tra... la... la... la... la... et moi, la basse, vois-tu.. pon, pon, pon, pon. (*On sonne*). Là, on vient encore m'interrompre au plus beau moment. (*On sonne toujours*). Asssez, assez, (*se bouchant les oreilles*) assez... mon morceau qui est en *si*, et cette maudite sonnette qui me fait un *ut* continuel; si, ut, si, ut... drelin, drelin, drelin... c'est fini.. il faut que je change ou ma sonnette ou mon morceau.

(*Émilie pendant ce temps a été ouvrir*).

SCÈNE VIII.

Les Précédens, ÉDOUARD, *sous les habits et la figure de Verbois.*

ÉMILIE.

Mon père, c'est M. Verbois, ce marchand brocanteur de ce matin.

RAYMOND.

C'est-à-dire, que je ne peux pas travailler un instant... Laisse-nous, que je me dépêche de m'en débarrasser. (*Émilie sort, Raymond fait signe à Édouard d'approcher*). Voyons, monsieur, de quoi s'agit-il ? (*Il fredonne*).

Troppo languir
Per una bella.

(*Édouard se met à fondre en larmes, Raymond, étonné, s'arrête*).

Eh bien, qu'avez-vous donc ?

ÉDOUARD.

C'est que votre voix m'a rappelé celle de madame Verbois, ma pauvre femme. Ah ! je ne peux pas entendre chanter un seul air de basse-taille sans que... (*Il se remet à pleurer*).

RAYMOND.

Ah ! monsieur, je suis désolé.

ÉDOUARD.

Il n'y a pas de quoi, monsieur... (*Lui donnant un papier*). Voilà de quoi il s'agit.

RAYMOND.

Oui, je vois bien; c'est à vous qu'on a cédé mes créances; M. Verbois, marchand brocanteur.

ÉDOUARD.

Le matin... et choriste de l'opéra le soir.

RAYMOND.

Ah! vous dansez.

ÉDOUARD.

Depuis quarante-cinq ans, et il est impossible d'avoir une existence plus agitée. (*pleurant*). Ah! ma pauvre femme.

RAYMOND.

Si vous voulez, nous parlerons d'affaires un autre jour.

ÉDOUARD.

Non, monsieur, cela me distrait. (*Lui montrant les papiers*). Vous voyez de ce côté les quatorze cents francs que vous me devez.

RAYMOND.

Oui, mais je ne vois pas les tableaux qu'on a saisis chez moi, l'autre semaine, et qu'on a dû vendre...

ÉDOUARD.

En voici la note... 1°. le tableau d'histoire...

RAYMOND.

Oui, une bataille magnifique.

ÉDOUARD.

Vous savez que dans ce moment les tableaux de bataille...

RAYMOND, *à part*.

Ils l'auront laissé aller pour rien... c'est une bataille perdue.

ÉDOUARD.

Le tableau d'histoire neuf cents francs.

RAYMOND, *étonné*.

Neuf cents francs... je n'en ai jamais vendus ce prix là.

ÉDOUARD, *à part*.

Je le crois... (*Haut*). 2°. pour le tableau de genre... vous savez que tout le monde en fait, sans cela, on l'aurait mieux vendu. Le tableau de genre, quatre mille francs.

RAYMOND.

Qu'est-ce que vous me dites-là?

RAYMOND.

Je n'en reviens pas... quel art que la peinture ! quatre mille francs, des tableaux de genre.

ÉDOUARD.

3^d. Un portrait de femme... une figurante à l'opéra... (*Il se met à pleurer*).

RAYMOND.

Eh bien ! qu'avez-vous donc ?

ÉDOUARD.

C'était celui de madame Verbois...

RAYMOND.

Comment, cette petite femme que j'ai peinte, il y a quinze jours.

ÉDOUARD, *pleurant*.

C'était la mienne, et le portrait était d'une ressemblance... vous sentez bien que je n'ai pas regardé au prix.

RAYMOND.

Quoi, c'est vous qui l'avez acheté.

ÉDOUARD.

Un portrait de femme, quinze francs.

RAYMOND.

Je ne le souffrirai pas, et au lieu de spéculer sur votre douleur, c'est à moi de réprimer les excès où elle pourrait vous conduire... je vous cède le portrait pour rien.

ÉDOUARD, *pleurant*.

Ah ! monsieur !

RAYMOND.

Comment, madame Verbois était figurante à l'Opéra !

ÉDOUARD.

Au côté gauche, et moi au côté droit. Nous avons été séparés pendant vingt-cinq ans, et nous ne nous réunissons que dans les morceaux d'ensemble, et aux tableaux finals... ah ! monsieur, quelle femme !

Air : *Vent brûlant d'Arabie.*

Aimable autant que belle,
En moderne Ninon,
On ne voyait chez elle
Que des gens du bon ton ;
Maint et maint diplomate
Russe, prussien, anglais ;
Son boudoir, je m'en flatte,
Etait presqu'un Congrès.

Et quel talent ! comme elle dansait ! c'était une grâce... une vivacité... l'orchestre ne pouvait pas la suivre... ah ! ma pauvre femme, jamais je ne pourrai l'oublier.

RAYMOND.

Je n'ai pas besoin de vous demander si vous faisiez bon ménage ?

ÉDOUARD.

Ah ! certainement ; aussi bon qu'on peut le faire à l'Opéra. je me rappelle un tour qu'elle me fit une fois, ma pauvre femme... c'était un soir dans l'opéra d'Armide ; car il faut vous dire que j'adorais madame Verbois ; mais j'étais d'une jalousie... un petit tigre... je m'aperçus qu'elle causait avec M. Beljambe, quatrième danseur, et j'allais éclater, lorsque l'impérieuse ritournelle me força à partir du pied gauche ; je n'eus que le temps de lui dire en traversant : (*Il traverse le théâtre en dansant*). « Je te défends de lui parler. » et elle, entraînée par la mesure, me répondit à l'instant : (*Il traverse encore*). « Ah ! tu me le défends ; eh bien, je ne causerai qu'avec lui. » Moi, saisissant un autre chassé-croisé... (*Il le fait*). « Je vous prie au moins, de ne pas le recevoir, quand je n'y serai pas. » Et elle : « que vous y soyez ou non, ce sera la même chose ; » — « c'est ce que nous verrons. » — « c'est ce que vous verrez !... » Enfin, monsieur, une scène très-pénible, d'autant que dans ce moment, nous représentions des bergers amoureux ; et vous sentez combien c'était gênant pour l'expression de la physionomie. (*Prenant un air tendre*). « Ah ! perfide. » — « Ah ! scélérate. » — (*Se mettant à pleurer*). « Ah ! ma pauvre femme !... Enfin monsieur,.. je ne me reconnais plus... sa perte a développé en moi une sensibilité dont je ne me croyais pas capable... J'avais ce matin une lettre de change de cinq mille francs, d'un jeune homme qui demeure au premier, dans cette maison. C'est en pleurant que je l'ai fait protester, et quand je pense que maintenant ce malheureux jeune homme...

RAYMOND.

Comment, M. Edouard serait en prison?

Air : *On dit que suis sans malice.*

Grands dieux ! ma surprise est extrême.

ÉDOUARD.

J'en suis plus triste que vous même.

RAYMOND.

Et d'où provient votre regret.

ÉDOUARD, *pleurant.*

Ah ! ma femme le connaissait.
Rempli d'égards, de politesse,
Chez nous on le voyait sans cesse ;
Si ma pauvre femme vivait,
Grands dieux ! quel chagrin elle aurait.

RAYMOND.

Comment, il serait possible... Bemolini avait donc raison !.. Monsieur, monsieur, un instant... vous dites une lettre de change de cinq mille francs ; je la paye, ou du moins je vous donne en à-compte les quatre mille francs de mon tableau de genre, et j'espère que vous me donnerez du temps pour le reste.

ÉDOUARD, *étonné, à part.*

En voici bien d'une autre !... (*haut*). Non pas, monsieur, s'il vous plaît ; il me faut tout ou rien... et il s'en faut encore de mille francs.

RAYMOND.

Ah ! mes vingt-cinq louis de ma cavatine... (*Prenant la bourse et la donnant*). Tenez, tenez, voilà encore six cents francs, et pour le reste, saisissez mon mobilier.

ÉDOUARD.

Du tout, monsieur, je ne souffrirai point... ce n'est pas

votre dette... (*Refusant la bourse*). Et je ne la prendrai pas.

RAYMOND.

Morbleu, vous la prendrez, ou je vous fais sauter par la fenêtre.

ÉDOUARD.

Qu'est-ce à dire, monsieur, apprenez que je n'entends point de cette oreille là, surtout avec des gens de votre étage.

RAYMOND.

De mon étage.

ÉDOUARD.

Oui, monsieur, ce n'est point quand on loge au sixième, qu'on peut hasarder des plaisanteries, qui seraient tout au plus permises à l'entre-sol.

SCÈNE IX.

Les Précédens, ÉMILIE, *accourant*.

ÉMILIE.

Ah! mon dieu! qu'y a-t-il donc?

RAYMOND.

Rien... c'est monsieur que je veux jetter par la fenêtre.

ÉMILIE.

Il vous demande de l'argent.

RAYMOND.

Au contraire, il ne veut pas en prendre; mais il y viendra, ou morbleu...

ÉDOUARD, *à part*.

Voilà un homme que je ne pourrai jamais enrichir.

RAYMOND.

Allons, monsieur, la bourse... ou la vie.

ÉDOUARD.

Puisqu'il le faut, je cède... mais cet indigne d'abuser de ma situation, et de ne pas respecter ma douleur... vous savez que c'est cinq cents francs...

RAYMOND.

Quatre cents francs.

ÉDOUARD.

Ah! c'est vrai... je vous demanderai la permission de vous envoyer les huissiers... (*Raymond le pousse vers la porte*). Demain, de très-bonne heure. (*Il sort*).

SCÈNE X.

ÉMILIE, RAYMOND.

RAYMOND.

Enfin, nous en voilà débarrassés. Mais ce pauvre Édouard, quand j'y pense, qui se serait jamais douté qu'il avait du goût pour la musique, et des dispositions pour les dettes... j'ai peut-être eu tort de le refuser ; c'était un jeune homme à ménager. (*A Émilie*). J'en suis sûr, le pauvre garçon ne sait où donner de la tête. Ah! qu'elle idée... ôte-moi ma musique, et apporte-moi mes pinceaux... mon chevalet!

ÉMILIE.

Et que voulez-vous faire ?

RAYMOND.

Ce que je veux faire ?... des tableaux de genre! c'est si facile, et on devient homme de mérite, à si bon marché!...

(*Il prend sa palette et ses pinceaux et se met à son chevalet*).

Tiens, en deux temps, une petite esquisse, et voilà les dettes payées. Dieux! quels progrès a fait la peinture!... quatre mille francs; des tableaux de genre! pauvre Émilie! deux ou trois petits tableaux par an, et ce sera ta dot. Je ne sais pas ce que j'ai... ce M. Verbois, avec ses doléances, a glacé mon génie... dis donc, ma fille, chante moi quelque chose, pour me remettre en verve.

ÉMILIE.

Moi, mon père, je ne suis pas en voix.

RAYMOND.

Qu'est-ce que cela fait ? est-ce que tu crois que je t'écoute ?

je suis là à travailler. D'ailleurs, cela te fera passer le temps d'ici à l'arrivée de M. Roussel, et te disposera merveilleusement à prendre ta leçon de déclamation. Vas, vas, toujours.

ÉMILIE.

A quoi bon ? il n'y a pas besoin de savoir chanter pour jouer la tragédie.

RAYMOND.

Au contraire, mademoiselle, c'est ce qui vous trompe... c'est que c'est fort utile... (*On frappe*). Hein, qui est-ce qui vient là ?

SCÈNE XI.

Les Précédens, ÉDOUARD, *en poudre et en habit à la française.*

ÉDOUARD.

J'ai trouvé la porte ouverte, et j'entre sans façon.

RAYMOND.

Quel est ce monsieur ?

ÉDOUARD.

Vous ne devinez pas ; M. Roussel, professeur au conservatoire.

RAYMOND, *allant à lui et lui donnant la main.*

Comment, c'est vous, mon cher ; asseyez-vous donc, je vous prie.

ÉDOUARD, *s'asseyant.*

Volontiers, car le mouvement ascensionel raréfie l'air dans les poumons, et les empêche de se dilater.

RAYMOND.

C'est-à-dire, que vous êtes essoufflé... (*à part*). Dieu ! comme il parle !... je vous avoue que nous vous attendions de bien meilleure heure.

ÉDOUARD.

C'est que je me suis arrêté au premier, chez le propriétaire, à qui je donne des leçons de déclamation, et je l'ai même attendu deux heures, sans le voir paraître.

RAYMOND, *à part*.

Je crois bien, le pauvre jeune homme... (*haut*). Ah ! M. Édouard est votre élève !... A-t-il des dispositions ?

ÉDOUARD.

Il ne peut guère en être autrement : je lui donne des leçons à un louis le cachet... il ne s'est encore essayé que chez *Doyen*... dans *Athalie* et *la Marchande de Goujons*... Je tiens à ce que mes élèves ne s'exercent que dans les chefs-d'œuvre de la scène. (*Appercevant Émilie*). Mais à propos, n'est-ce pas là la belle demoiselle à qui je dois donner des leçons ?

RAYMOND.

Elle-même ; comment la trouvez-vous ?

ÉDOUARD.

Très-bien, beau caractère de tête, physionomie noble et majestueuse... profil grec... nous en ferons une charmante soubrette.

RAYMOND.

Une soubrette ! y pensez-vous ? il me semble que son physique...

ÉDOUARD.

Il est bien question du physique : dans notre art, comme dans tous les autres, il s'agit de triompher en dépit de la nature... Ainsi, d'un petit homme, haut de quatre pieds, deux pouces, vous croyez peut-être que je ferai un crispin, une caricature, détrompez-vous, j'en fais un roi, un *Agamemnon*, et il faut qu'il trouve, dans mes leçons, et dans son talent, les huit pouces qui lui manquent... et ainsi de suite, dans les autres emplois. Voyons d'abord comment mademoiselle dit les vers... quel est ce livre que je vois-là ?

ÉMILIE

C'est un Racine.

ÉDOUARD.

Pas mauvais. Faute de mieux, voyons toujours Racine... (*Il prend le livre, l'ouvre et le rend à Émilie, en lui indiquant un passage*). Lisez-moi ce passage là. (*On sonne, Raymond s'avance vers la porte, qu'il ouvre, et Roussel entre*).

SCÈNE XII.

Les Précédens, ROUSSEL.

RAYMOND, *voyant entrer Roussel.*

Que demande monsieur? Que me veut-il?

ROUSSEL.

Je suis Roussel, professeur de déclamation... j'espère que vous n'avez pas déjeûné sans moi.

RAYMOND, *étonné.*

M. Roussel!... mais, M. Roussel, est déjà arrivé. (*Montrant Édouard*). Le voilà.

ROUSSEL.

Qu'est-ce à dire? voudrait-on usurper ici mon nom? Monsieur, dites-vous, se nomme Roussel, et est...

ÉDOUARD, *vivement.*

Professeur de débit accentué, animé, propre au théâtre, au barreau, à la chaire et à la tribune.

ROUSSEL.

Je croyais, monsieur, être ici chef d'emploi, seul et sans partage; mais puisque j'ai des doubles, je peux me retirer; aussi bien l'on m'attend ailleurs.

ÉDOUARD.

Du tout, monsieur, c'est moi qui cède la place ; aussi bien j'ai à midi mon cours de jeunes premières et d'ingénuités, auquel doivent assister un seigneur étranger et deux banquiers anglais.

RAYMOND, *les arrêtant.*

Eh! messieurs, pourquoi vous piquer ainsi? ne peut-il pas y avoir Roussel aîné et Roussel cadet?.. Et puisqu'un hasard, que je ne puis comprendre, réunit chez moi deux professeurs aussi distingués, permettez-moi de profiter de cette bonne fortune, et daignez tous les deux donner leçon à ma fille.

ÉDOUARD.

Certainement, je ne demande pas mieux, ne fut-ce que pour montrer l'excellence de ma méthode.

ROUSSEL.

Et moi, je suis loin de refuser. (*A Émilie*). Quel est le rôle que mademoiselle préfère ?

ÉMILIE.

Il me semble que celui d'Iphigénie...

ROUSSEL.

Eh bien, soit... Iphigénie... vous ne paraissez qu'au second acte, et à la seconde scène... voyons votre entrée.

ÉMILIE, *déclamant.*

Seigneur où courez-vous, et quels empressemens...

ROUSSEL, *l'arrêtant.*

Permettez, vous n'êtes pas en scène. Je laisserais tomber le bras gauche, et je dirais en avançant le bras droit, avec le mouchoir... car le mouchoir est l'âme de la tragédie.
(*Il déclame*).

» Seigneur, où courez-vous ?

ÉDOUARD.

J'en demande pardon à monsieur le professeur, mais je laisserais tomber le bras droit, et j'avancerais le bras gauche avec le mouchoir. (*Il déclame*).

» Seigneur, où courez-vous ?

ROUSSEL.

» Seigneur, où courez-vous ?

Avec le bras droit.

ÉDOUARD.

Le bras gauche.

ROUSSEL.

Le bras droit... comment, monsieur, vous ne sentez pas que dans une situation aussi vive, aussi animée... Iphigénie doit employer pour retenir son père, le bras dont elle se sert habituellement.

» Seigneur, où courez-vous ?

RAYMOND, *étendant le bras droit.*

Il a peut-être raison.

» Seigneur où courez-vous ?

ROUSSEL.

Il n'y a pas de doute, à moins de supposer qu'Iphigénie était gauchère.

ÉDOUARD.

D'abord, le contraire n'est pas prouvé. Mais ensuite, c'est justement parce que la situation est vive et animée, que j'emploierais le bras gauche, le côté du cœur.

» Seigneur, où courez-vous ?

RAYMOND, *étendant le bras gauche.*

Au fait... il se pourrait bien.

» Seigneur, où courez-vous ?

ÉMILIE.

Permettez, messieurs, il me semble que l'intention d'Iphigénie, étant d'avoir un entretien avec son père, son premier mouvement doit être d'avancer les deux bras, comme pour le retenir.

ÉDOUARD.

Elle a parbleu raison.

ROUSSEL.

Parfait, admirable.

ÉDOUARD.

» Seigneur, où courez-vous ?

Avec les deux bras...

ROUSSEL.

Continuons maintenant.

ÉMILIE, *déclame en avançant les deux bras.*

» Seigneur, où courez-vous? et quels empressemens
» Vous dérobent sitôt à nos embrassemens.

ROUSSEL.

A merveille, mais je placerais ici ce que nous appellons *le hoquet dramatique.*

» Seigneur, où courez-vous?... hen.
» Et quels empressemens....... hen.
» Vous dérobent sitôt.......... hen.
» A nos embrassemens.......... hen.

ÉDOUARD.

Permettez, permettez, non pas que je ne sois comme vous partisan du hoquet dramatique, qui est d'un effet sûr, mais il me semble que « *non est hic locus* : » ce qui veut dire que je le réserverais pour une autre occasion. Je ferais à ces deux vers :

» Seigneur, où courez-vous? etc.

Une heureuse application de cette diction, qu'en terme de l'art nous appellons : *Diction vaporeuse et l'acrymatoire*.

» Seigneur, où courez-vous? et quels empressemens
» Vous dérobent sitôt à nos embrassemens.

ROUSSEL.

J'y suis maintenant, et rien qu'à ce système... je devine à qui j'ai affaire... monsieur est de la grande école de déclamation.

ÉDOUARD.

Et de chant... oui, monsieur, je m'en vante... et vous?

ROUSSEL.

Moi, monsieur, professeur de la nature, ce qui est bien différent.

ÉDOUARD.

Je conçois alors que monsieur soit un de nos plus grands antagonistes ; mais dans ce combat continuel de l'art contre la nature, on ne peut nier, je l'espère, la supériorité de notre système : il n'y a qu'à regarder sur nos grands théâtres pour en voir les heureux effets... et pour commencer par ce qu'il y a de mieux, par le numéro 1.

» C'est moi, qui déjouant leur attente frivole,
» Renversai les Gaulois du haut du Capitole.

J'espère que c'est là le triomphe de l'art.

ROUSSEL.

Du tout! c'est de la nature...

ÉDOUARD.

De l'art.

ROUSSEL.

De la nature.

RAYMOND.

Eh! messieurs, ne vous disputez point; de l'art, de la nature... c'est peut-être tous les deux.

ÉDOUARD.

A la bonne heure, mais j'ai d'autres échantillons.

(*Il déclame les vers suivans d'une manière boursoufflée*).

» N'accuse point les autres;
» Car les torts les plus grands, madame, sont les vôtres.
» N'étiez-vous pas d'un père et l'espoir et l'appui?
» Qui donc, si ce n'est vous, eût dû veiller sur lui?
» Accablé de travail, était-ce à moi, madame,
» A lui donner un temps que le public réclame?
» Ah! devaient-ils, des soins si tendres et si doux,
» Etre jamais remplis par d'autres que par vous?
» Mais l'éclat des grandeurs vous a tourné la tête,
» Et vous ne rêvez plus que spectacle, que fête;
» Oubliant vos amis et vos pauvres parens,
» Vous semblez ne pouvoir vivre qu'avec les grands;
» Et vous croiriez sans doute imiter le vulgaire,
» Si vous vous rappeliez que vous avez un père.

Si vous pouvez me prouver que c'est naturel cela... c'est de l'art... Partout le triomphe de l'art; et il y en a même dans la manière de porter une lettre, car il ne s'agit pas de remettre cela comme un facteur de la petite poste, voyez au contraire.

» Monsieur, c'est une lettre,
» Qu'entre vos propres mains on m'a dit de remettre.

Voyez-vous ces syllabes tremblées et respectueuses, qui dénotent le valet de bonne compagnie, et je défie bien, monsieur, qu'avec votre naturel...

ROUSSEL.

Notez qu'il me défie.

ÉDOUARD.

Oui, certes, je vous défie.

ROUSSEL.

Eh bien, nous allons voir! rien que l'entrée de *Britannicus*, si vous voulez.

ÉDOUARD.

Je ne demande pas mieux ; monsieur et mademoiselle seront juges. (*Émilie et Raymond s'asseyent, Roussel remonte le théâtre*).

ROUSSEL.

Vous sentez bien que ce qui ôte de l'illusion, et nuit à l'effet, c'est que je n'ai pas une douzaine de Romains pour précéder mon entrée. (*Marche sur laquelle entrent Bemolini, Verbois et les autres créanciers*).

SCÈNE XIII et dernière.

Les Précédens, BEMOLINI, VERBOIS, *et huit ou dix créanciers*.

ÉDOUARD.

Eh bien, de quoi donc vous plaignez-vous ? en voilà des Romains. (*Les regardant*). Non, ce sont des Juifs.

BEMOLINI.

Depoui oune heure, nous attendons chez M. Édouard, qui ne vient pas.

VERBOIS.

Et cependant son portier dit qu'il n'est pas sorti.

RAYMOND.

Eh bien, est-ce que vous voulez encore le saisir.

BEMOLINI.

Non pas, ma nous sommes honnêtes, et comme il a acquitté toutes nos créances, il faut bien que quelqu'un ait nos reçus. (*Il donne les reçus à Raymond*).

ÉDOUARD, *faisant des signes pour l'empêcher.*
Ah ! l'imbécille.

RAYMOND, *parcourant les papiers.*

Qu'est-ce que cela signifie.... comment, M. Édouard aurait payé toutes mes dettes ? M. Édouard se serait permis de payer mes dettes ?...

ÉDOUARD, *ôtant sa perruque.*

Pourquoi pas? vous avez bien voulu payer les siennes.

RAYMOND.

Que vois-je?

ÉDOUARD, *prenant la voix de Verbois.*

Un homme qui est désolé d'avoir perdu sa femme... (*Prenant l'accent de Bemolini*). Ma, un artiste enzanté d'avoir fait votre connaissance. (*Prenant le ton de Roussel*). Et un professeur, qui vous demande pardon (*à Roussel*). d'avoir osé entrer en concurrence avec vous.

RAYMOND.

Comment! il serait possible!... ces trois rôles!... ah! mon ami, faites-vous comédien, et ma fille est à vous.

ÉDOUARD.

Comédien!... eh mais, je ne demande pas mieux... Jusqu'à un certain point!... vous savez que j'ai cinquante mille livres de rente et une maison de campagne charmante. Nous y établirons un théâtre d'amateurs, qui fera pâlir l'astre de la rue Chantereine... (*Montrant Émilie*). Mademoiselle nous aidera de ses talens. (*Montrant Roussel*). Monsieur, de ses conseils, et vous jouerez tous les rôles d'artiste... Le FOUGÈRE de *l'intrigue épistolaire.*

RAYMOND.

Comment, vous croyez que je pourrais... mais, ma fille, un talent comme celui-là... (*A Emilie*). tu me reprocheras un jour de t'avoir sacrifiée.

ÉMILIE.

Non, mon père, je ne vous reprocherai rien.

ÉDOUARD.

Bien plus, vous conduirez l'orchestre, et ce sera vous qui peindrez toutes nos décorations.

RAYMOND.

Vrai!

ÉDOUARD.

Je vous en donne ma parole d'honneur.

RAYMOND.

Allons donc, puisqu'il le faut ; mais qui m'aurait jamais dit que ma fille, qui donnait de si belles espérances, finirait par épouser cinquante mille livres de rente... ce que c'est que de nous!!

VAUDEVILLE.

Air : *Vaudeville de la Petite Sœur.*

ROUSSEL.

Braver la fortune et ses coups,
Aux froids calculs fermer son ame,
Ne se montrer jamais jaloux
De ses rivaux, ni de sa femme :
D'un front tranquille et paternel,
Des bons maris grossir la liste ;
Et rendre toujours grâce au ciel,
Voilà le véritable artiste.

RAYMOND.

De nos grands hommes en tous lieux
Produire l'image chérie ;
Retracer les faits glorieux
Dont s'honore notre patrie :
Réparant les torts du destin,
A celui qu'un revers attriste,
Tendre une secourable main ;
Voilà le véritable artiste.

ÉDOUARD.

O! vous, qui du théâtre épris,
Vous consacrez à Melpomène,
Ne pensez pas, qu'avec des cris,
L'on captive ou bien l'on entraîne ;
Soyez, autant qu'il se pourra,
De la nature heureux copiste :
Pour modèle prenez Talma,
Voilà le véritable artiste.

ÉMILIE, *au Public*.

Dans son travail, dans ses talens,
Chercher toujours son seul refuge ;
Se rappeler en tous les temps
Que le public seul est son juge ;
Et lorsqu'un désastre nouveau
Vient l'accabler à l'improviste,
Se consoler par un *bravo*,
Voilà le véritable artiste.

FIN.

www.ingramcontent.com/pod-product-compliance
Lightning Source LLC
Chambersburg PA
CBHW060502050426
42451CB00009B/773